Début d'une série de documents
en couleur

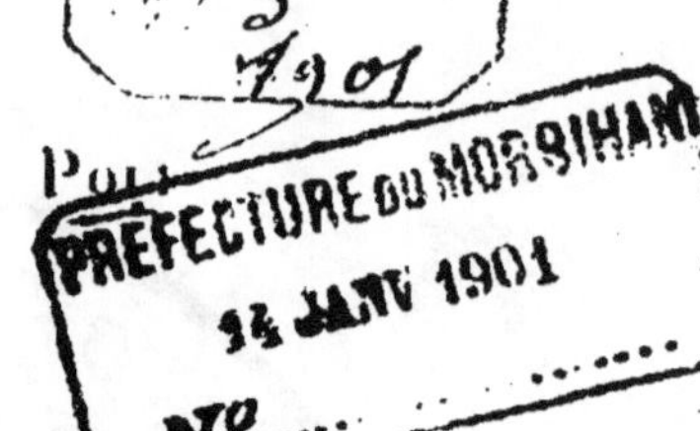

Vicomte Oscar de Po...

CARTULAIRE

DE

L'ÉGLISE D'APT

PARIS

AU CONSEIL HÉRALDIQUE DE FRANCE

45, rue des Acacias, 45

1900

Fin d'une série de documents
en couleur

CARTULAIRE

DE

L'ÉGLISE D'APT

Vicomte Oscar de Poli

CARTULAIRE

DE

L'ÉGLISE D'APT

PARIS

AU CONSEIL HÉRALDIQUE DE FRANCE

45, rue des Acacias, 45

1900

CARTULAIRE D'APT

INVENTAIRE ANALYTIQUE

Le Cartulaire de l'église d'Apt, faisant partie du fonds latin au département des manuscrits de la Bibliothèque nationale, porte actuellement le n° 17.778 de ce fonds ; antérieurement il portait le n° 1119ᵃ des Nouvelles acquisitions latines. Sa demi-reliure en papier marbré noir et blanc a 29 centimètres en hauteur sur 20 en largeur ; sur le dos en vélin est collé ce titre imprimé, moderne : *Chartularium Aptense.*

Il a été copié par Lancelot, en 1703, sur une bonne copie, comme on verra ci-après. Il se compose de 57 feuillets, plus le feuillet A, en tête du volume : au recto de ce feuillet Lancelot a écrit le titre :

CHARTULAIRE DE L'ÉGLISE D'APT

On y lit aussi, dans le haut à droite, d'une écriture récente :

Nouv. acq. lat. 1119ᵃ

Au verso du feuillet A se lit cette note de la main de Lancelot :

« Monsʳ le prieur Grossi enuoya a M. Chorier une copie

« du Cartulaire de l'Eglise d'Apt qu'il auoit ecrite lui-
« mesme. M. Allard me fit prester cette copie le 9 feurier
« 1703. Il est parlé de ce prieur Grossi dans l'Hist. de
« Prouence! de Bouche. »

Le cartulaire remplit les feuillets 1 à 53. Le feuillet 54
est blanc. Les feuillets 55 et 56 reproduisent ou analysent
les chartes i à v, vii, x, xix, xxi, xxv, xxvii, xxx et xxxi.

En tête du feuillet 55, en marge, est cette note de Lancelot :

« M. le prieur Grossi enuoya à M. Chorier une copie du
« cartulaire de l'Eglise D'Apt qu'il auoit ecrite lui
« mesme. M. Allard me fit prester cette copie le 9 feurier
« 1703. Elle est parfaitement bien ecrite. »

Le feuillet 57 et dernier n'est écrit qu'au recto ; c'est le
tableau chronologique des *Episcopi Aptenses* nommés dans
le cartulaire.

Un érudit Provençal, M. le baron du Roure, a signalé
l'existence de deux copies du Cartulaire d'Apt, l'une à la
Bibliothèque de Carpentras, faite par François de Remerville Saint-Quentin, auteur d'une histoire et d'un nobi-
liaire d'Apt, vivant à la fin du XVIIe siècle ; l'autre, à la
famille Rousset, dont un membre réside à Aix-en-Pro-
vence. « L'original existait encore il y a quelques années,
et l'on peut espérer, croyons-nous, de voir reparaître un
jour ce précieux manuscrit[1]. »

A moins que les relieurs ou les confiturières n'aient eu
besoin de parchemin...

Habent sua fata libelli !

1. — Ann. 896. — Donation par Louis, roi de Provence, à
l'église d'Apt, du lieu de Moustiers (Monasteriolum) avec

[1] M. le baron du Roure, dans sa savante *Revue historique de Provence*,
n° 7, juillet 1890, page 205.

les églises Saint Pierre et Saint Martin, à la prière de son
« fidelis Teutbertus, illustris comes ». Arnulfe, notaire,
représentant de Barnuin, archevêque et archichancelier.
Acte « apud Curpetratensium monasterium », an VII du
règne de Louis. — f° 1.

2. — 835, XVI cal. d'août. — Donation par Milo Montanus
« comite nobilissimo Aptensis civitatis », à l'église d'Apt,
de l'abbaye de Saint-Martin. Il est fait mention de sa
femme Hortense et de Sendardus, évêque d'Apt. Témoins:
Teutbertus, Leoprandus, Agilbos, Vuido, Teudfrit, Eldo-
ardus, Ausarith. L'acte se termine par les trois vers
suivants :

> *Sic plures alii patula de fronte faventes*
> *Testes adscisi, quæ insunt famina figunt.*
> *Rotmarus heros hæc jussus scripta reliquit.* — f° 1 verso[2]

3. — 991, VI des nones d'août. — Charte d'institution des
chanoines d'Apt par l'évêque Teuderic. La fondation reçoit
l'approbation de Guillaume « totius Provinciæ principis »,
Annon, archevêque d'Arles, Amalric, archevêque d'Aix.
Ingilran, évêque de Cavaillon, Vuarnerius, évêque d'Avi-
gnon, Pontius, Vuarnerius, Durantes, Barangarius, Rau-
fredus, Santo, Julianus, Aimo, Boso, Pontius, tous prêtres;
les lévites : Rostagnus, Ranulfus, Boso, Vuarnerius,
Freddo, Silvius ; Pierre, sous diacre ; Dodo, Jean, Ro-
doinus, Dominique, Gerundus, Teudericus, Pons, Teudericus, Apollonius, Daiterius, Helias, tous prêtres. — f° 2
verso[3].

4. — Vers 996. — « Carta Sagnonis et Oliveti et Sabloneti. »

---

[1] Charte publiée par Dom Bouquet, t. IX, p. 676.
[2] Publiée dans Gallia Christ., t. I, *Instr.*, p. 74.
[3] Ibidem.

Donation par George et sa femme Doda ; Sizinnius, leur fils, longtemps prisonnier en Espagne « Karoli tempore ». En marge : Id est Karolo Constantino, Ludovici Orbi filio. — f° 4 verso[1].

5. — 967, v cal. d'octobre. — Nartoldus, évêque d'Apt, avait concédé « in prestaria[2] » diversbi ens, au comté d'Apt, « in Sagnone, Prataleone, Torrizello, Petrolas, Calvisas, Casanova, Rius, Juncarias », à ses « fideles Rothbertus et Waraco » frères. Ceux-ci donnent à l'église Sainte-Marie et Saint-Castor des biens leur appartenant « in Laus nava, Clavajano, Baxo ». — f° 5 verso[3].

6. — 1103-1105. — Donation « castri quod est in medio Sagnionis, quod vocatur Tortamollis », par Rambaud, fils d'Amancia[4], à Léger, évêque d'Apt, Rodulfe, prévôt, Bermond, sacristain, et aux chanoines Aldebert, Gisbert, Pierre Estienne, Rostang et Guillaume[5]. Il fait mention de son frère Bertrand. Témoins : Bertrand Raimondi, son frère Raimond, Raimond Duranti, Pons Aicard, Guillaume Amat, Guy de Lantosque et la femme de Bompar Garsia. — f° 6[6].

7. — *Vers 1113.* — Laugier, évêque d'Apt, échange tout le château « Méjan » de Sägnion, contre la moitié de Tourrettes, au diocèse de Nice. Il en fait don à la femme de Raibaud, son fils Léger, et sa fille, femme de Guillaume Talon[7], (à qui sa mère et son frère ont donné en dot ledit

[1] Publiée dans Gallia Christiana, t 1. *Instrumenta*, page 75.

[2] Prestaria : donation de biens ecclésiastiques sous redevance d'un cens annuel.

[3] Charte publiée par le comte Cais de Pierlas : Le xie siècle dans les Alpes-Maritimes, p. 91.

[4] Il était fils de Laugier le Roux, des vicomtes de Nice.

[5] Guillaume d'Agoult.

[6] Publiée par le comte Cais de Pierlas, *op. cit.*, p. 101.

[7] Fils de P. Isnard, seigneur de Villevieille, au comté de Nice. — Comte Cais de Pierlas, Cartulaire de la Cathédrale de Nice, ch. 3 et 23

château de Saignon¹, ainsi qu'à Raimond Aicard et Geoffroy son frère, en échange de leur fief à Tourrettes. — f° 6 verso¹.

8. — 1113. — Acquisition par Léger, évêque d'Apt, du château de Sagnion, de la Crugière et du château « Méjan » de Tortemole. En échange de ce dernier château, il donne sa moitié de Tourrettes et 40 sols à Ricsen, femme de Rambaud de Nice, à son fils Léger, sa fille Poncie et Guillaume Talun, son gendre ; pour Crugières, il donne 1300 sols de melgoriens à Aldebert et à son fils Guillaume. L'acte est approuvé par Raimond Aicard, et son frère Geoffroy, qui ont cédé leurs droits moyennant 100 sols, Bertrand Raimond et ses frères, Raimond Guy et ses frères, Datil et ses frères, Farald, Bertrand, Pierre Guy et ses frères, Guillaume Gontran et ses frères, Rostang *de Turre* et ses neveux (nepotibus), Guillaume Malecause et son frère, les fils de Pons Buzot, Sancie, femme de Rambaud d'Agoult, et ses fils. Témoins : Rainaldus, abbé de Saint-Eusèbe, Rodolphe, prévôt, Bermond, sacristain, Pierre Estienne, Gisbernus, Porzellus, Bertrand, Gigo, Guillaume, Rubianus, Guill. Garnaldus, Rostang Bernard, Guillaume et Etienne Scizerest, Pons Aycard, Aycardus, Artaud, prêtre dudit château, André, Bernard, moine, Alfandus, Gilus, Pierre Lambert, Etienne Alemanus, Durand Rustannus de Monte Cœlico, prêtre de Simiane². — f° 6 verso.

9. — Vers 1120. — Eldebert Garac «et filii mei Villelmus filius Derbucis et uxor mea³ Sansa » et ses fils Ber-

---

¹ Publié par le comte Cais, Lo XIᵉ siècle dans les Alpes-Mar., p. 105.

² Publié dans Gall. Christ., t. 1, p. 77 ; en extrait par le comte Cais de Pierlas, Le XI siècle.., p. 100.

³ En marge, de la main de Lancelot : « forsan sua. » — Il nous paraît plus probable qu' « uxor mea » désigne la seconde femme d'Eldebert Garac, veuf de Derbucis, mère dudit Guillaume.

trand, Raimond et Boniface vendent à Léger, évêque d'Apt, le château de Crugières. Témoins : Leodegarius de Petra Castellana, Geoffroy de Briançon, Geoffroy Aicard, Bertrand de Saignon, Guillaume Bompar, Rodulphe sacristain[1]. — f° 7 verso.

10. — 1122. — Donation du château de Saignon, nommé Crugières, par Laugier, évêque d'Apt, à Aldebert Garac, sa femme, ses fils et ses filles. Témoins : Rodulfe, prévôt, Guillaume Gontran, Geoffroy Raimond, Bermond, sacristain, Rostang de Turre, Datilo. — f° 8 verso[2].

11. — *Vers* 1120. (cf. ci-dessous n° 15. — « Aldebertus[3], filius Dilectæ, dona a fedauta et a servicio la quaslania del castel de Sagno a Rostang d'Agolt, et ego Rostagnus, filius Adalaiæ, non te decipiam, nec ego Imbertus, nec ego Raimbaldus, nec ego Raimondus, nec ego Leodegarius non te decebrem, *etc*. »

12. — *Vers* 1123. — Laugier, évêque d'Apt, Sancie, sa belle-sœur, ses neveux Guiran et Bertrand, «cum ceteris fratribus », font échange du château de Gordes, situé dans l'évêché de Cavaillon, pour la moitié de Tourrettes[5] appartenant à Raimond Aicard et son frère Geoffroy. — f° 9[4].

13. — *Vers* 1123. — Laugier, évêque d'Apt, donne à S. sa belle-sœur, à Guiran, Bertrand, et aux autres fils et filles issus de celle-ci et de son frère Rambaud, la moitié de tout le château de Gordes et la grande tour d'Apt : lesdits

---

[1] *Ibidem*, p. 105.

[2] *Ibidem*, p. 98.

[3] Dit : *de Magol*, n° 15.

[4] *Ibidem*, p. 95.

[5] Le comte Cais de Pierlas croit qu'il s'agit ici du château de Tourrettes, au comté d'Apt.

[6] *Ibidem*, p. 100, et Gall. Christ. *loc. cit.*, — Guiran et Bertrand sont les tiges des Maisons de Simiane et d'Agoult.

biens provenant à l'évêque de la succession de son père.
Témoins : Raimond Aicard, Rodulfe, sacristain, W.
Centullio, Bermond, Pierre Willelmi, Geoffroy Willelmi,
Guillaume Elias. Guillaume Garaldus « scripsit »[1].

14. — *Vers* 1123. — Laugier, évêque d'Apt, assisté de Rodulfe, prévôt, et de Bermond, sacristain, donne à Guiran et
Bertrand, fils de Rambaud d'Agoult, tout ce que Boniface de Reillane tient en fief de l'évêché d'Apt à Tourrettes. Il donne également tous les fiefs qui lui viennent
de son père Rostang aux mêmes Guiran et Bertrand et à
Rostang, tous fils de Sancie ; ces fiefs sont : Gordes, Sor-
guette, « Sorqueta », Jouras, Gargas, sa part de la ville
d'Apt, Caseneuve et Castillon[2].

15. — *Vers* 1130? — Laugier, évêque d'Apt, donne à Guiran et Bertrand, fils de Rambaud, le château de Saignon,
à savoir tout ce qu'Aldebert del Mugol avait donné à
Rostang d'Agoult (cf. n° 11), le château de Crugières et
tous ses droits féodaux. Rostang d'Agoult et ses fils
avaient acquis Crugières dudit Aldebert le xvi des cal. de
juillet 1120. Témoins : Otton, Bertrand de Saignon, Bertrand de Castillon, Pons Guillaume, Pons Pulverel. « Ad-
defonsus scripsit ». f° 9 verso[3].

16. — « Aus tu Lauger, filius de Giola, en Guiranz et en
Bertranz filii de Sancia, non vos decebrai de vostra vida,
ni de vostra membra..... lo castel de Clarmont non vos
tolrem, *etc.* » — f° 10[4].

17. — 976 ? vi des ides de mars. — Robert et son frère
Vuarachus donnent à Dolricus un de leurs biens héréditaires au comté d'Apt « in terminio de villa Cicadio ».

[1] Gall. Christ., *loc. cit.*, p. 78.
[2] Gallia Christiana.
[3] Comte Cais de Pierlas, *op. cit.*, p. 97.
[4] Ibidem, p. 107.

Date : sexto idus martii, regnante Chuonrado, rege Alamannorum sive Provinciarum, indictione quarta. Acte approuvé par Aramberta. Témoins : Allenardus, Aton, Gislabert, Dido, Ailburga, Rainoard, autre Allenardus, Robert, fils d'Amaloinus. — f° 10.

18. — 978 ? ides de nov. — Donation par Guarachus à Umbertus « in castro Casanova, et in villa Calvisias, in « Argallo, subtus Gargasio, in Gurgis, in Clavagiana et in « Baxo et in Lausnava, subtus castro Bonilis in villa Ursianicus. » Date : idus novembris, regnante Chuonrado rege, indictione sexta. Acte confirmé par Teuderic, évêque (d'Apt¹, Pons, autre Pons, Robert, Bermond, Rainard ; Pierre, prêtre, « scripsit ». -- f° 10 verso.¹

19. — 997, veille des cal. de juillet. — Échange de terres entre Teuderic, évêque d'Apt, et Robert. L'évêque lui donne « in villa quæ dicitur Areolas, et Malo Loco, in Pogio super Aptæ civitate prope fonte quæ nominant Ramenis. » Témoins : Pierre, Durantes, Vualafredus, Pons, Arnaud, Geboinus, Pons, Raoul, Ilias, Raimond.

20. — Vers 1041 ? ides de mai. — Artaldus et sa femme Béatrix font donation de diverses terres à l'église d'Apt « in territorio villæ quæ dicitur Inter rivos, inter pratu Rodulfi presbiteri... terra Rodulfi diaconi... terra Silvestri Pagensis. » — f° 11 v°.

21. — 980, v des ides de juin. — Accord entre Teuderic, évêque d'Apt, et Allaldus, mari d'Auzilla, au sujet d'une terre « ubi dicitur Martes ». Témoins : Durantes, Vualafredus, Arnald, Pons, prêtres. Ce dernier « subscripsit et firmavit ». — f° 12 v°.

22. — 1018-1031, iv cal. de juin. — Donation par Guillaume²

¹ Comte Cais de Pierlas, *op. cit.*, p, 92.
² Guillaume d'Agoult.

d'une terre allodiale « quæ vocatur Calvicias » à l'église d'Apt, « quamdiu episcopus Stephanus vixerit. Rodulfus, levita, scripsit. » — fº 13.

23. — 1008-1032. — Acquisitions diverses faites par Rodulphe, prêtre, « et grammaticus», « cum se et filio suo », et qu'ils donnent à l'église d'Apt. Les terres sont spécifiées et délimitées avec détail. Il y est fait mention de Guillaume[1], fils d'Humbert, Aton, fils de Poncia, Agilburge. — fº 13 vº.

24. — 1041. v des cal. de juin.— Donation à l'église d'Apt par Rostang et Guillaume, son frère, de l'église de Saint-Pierre du château de Castillon, et des églises « Sanctæ Faræ », Sainte-Marie, Saint-Etienne et Saint-Michel à Sainte-Marie ; Alfant, évêque d'Apt.

25. — 998. iii cal. de sept. — Accord entre Teuderic, évêque d'Apt, et Geoffroy, époux de Madeleine, « in loco ubi dicitur subtus podio quæ vocatur Crox, prope fluvio Causalone ». Témoins : Durand, Leotardus, Vualefridus, Pierre, Gebuinus, prêtres, Pons. — fº 14 vº.

26.—Vers 1065 ? — Rambaud[1] Capitaneus donne à l'église d'Apt divers droits féodaux au terroir de Simiane. Il est question de Bernard Riqueldis. — fº 15.

27.—Vers 1041, 6 juillet. — Donation par Rostang et par sa femme Gisla, assistés de leurs fils Humbert, Rambaud, Raimond, Laugier, Guillaume et Bertrand, d'une maison à Barret, au comté de Gap, qui lui vint de son beau-père Rambaud et de Gilla, fille de ce dernier.

> *Facta est hæc donatio*
> *In Aptæ diœsorio*
> *Sexta luce sub Julio,*
> *Regnante Christo domino.*

[1] Guillaume d'Agoult, mari de Sancie ?

Rostagnus est signaculum
Qui fecit hoc propatulum
Mensura dat tetrametrum
Scriptorem autem Trodulum. — f° 15 v°.

28. — Autrannus, se disposant à partir pour Jérusalem, donne à l'église d'Apt une vigne qui appartint à Ismidon. « Si in itinere quod agere dispono ad Ierusalem defunctus fuero, dabo... Si reversus fuero de itinere Deo volente, ego ordinabo qualiter agere me oporteat de rebus habitis... » — f° 16.

29. — *Vers 989.* — Accord entre Teuderic, évêque d'Apt, et Faraldus et Vuaracus, au sujet d'une terre de Lautardus, prêtre, « in podio quæ vocant Tintenno, de decimo torre episcopale[1] ».

30. — 1010-1040. — Accord entre Pons, clerc, et Uldrannus, prêtre. — Etienne, évêque (d'Apt), Rainald, prêtre, Altiernus, Armannus.

Ut incorrupta coemptio
Suo servata pretio
Perduret hæc impensio. — f° 16 v°.

31. — *Vers 1074.* — Pometus, dit Bellonus, consacre son fils unique à l'église d'Apt, ainsi qu'une petite maison qu'il possède à Apt, et qu'il tient de ses ayeux « per manus nobilissimi regis Conradi et filii ejus Rodulfi ».

32. — 852, iv des nones de juillet. — Échange entre Bonus, évêque de Sisteron, et Paul, évêque d'Apt ; le premier donne le lieu nommé Solgerius, au comté d'Apt, en échange des lieux nommés Quilis et Vulpilliaura, au comté de Sisteron, que lui concède l'évêque Paul.[2] — f° 17 v°.

[1] Comte Cais de Pierlas, *op. cit.*, p. 99.
[2] Cf. *Gallia Christiana*, t. I, col. 477.

33. — Charte d'Honorat, « servus servorum Dei ». Raimond, prévôt[1], Elpericus, Etienne, prêtres, Gaudiolus, archidiacre, Rambert, diacre, Hermenaldus, Alexandrinus, sous-diacres, Aymon, Hermengaud, Dadilo, Robert, Pons, lévites. — f° 18.

34. — 1074. — Donation, à l'église d'Apt, par Pometus, d'une maison à Apt qu'il tient de son ayeul Amalbert « ex dono Conradi regis... qui hospitabatur in ipsius domo », ainsi que d'une vigne au territoire « villæ Ticia ».
mond, Bruningus, Garnier, autre Guilabert, Hugues, Rainald, Aynard. — f° 18 v°.

35. — 1019, ii des ides de sept. — Don. par Guillaume, sa femme Adalais et son frère Humbert, d'une terre allodiale dans le château « Alpester ». « hoc est mansum Geraldi Scaciarii et mansum Ingilfredi. » Témoins : Humbert, Guarnaldus, Léotard, Silvestre, Guilabert, Alfant, Bermond, Bruningus, Garnier, autre Guilabert, Hugues, Raynald, Aynard. — f° 18 verso.

36. — Don. par Isnard, sa mère Gariberge et sa femme Saornine, d'une maison qu'il tenait en fief, et dont il indique les confronts (maisons de P. Rascas, P. Gale, Golholen, P. Guidalmar). Témoins : Pierre Guillaume d'Apt, Centullio, Embroinus, Raymond Autric. — f° 19.

37. — 1008, veille des cal. de mai. — Don. par Teuderic, évêque d'Apt, à Durant, prêtre, d'une maison « subtus rocham Corbariam ». Leutardus, Gualafredus, Pons, Arnald, autre Pons, Guibuinus, Rodolfe, clerc, Pierre, prêtre. — f° 19 v°.

38. — 1043-1077, vi des non. d'oct. — Don. par Alfant, évêque d'Apt, d'une condamine à Saint-Pons « ad Cardacias ».

[1] Un *Régimond* était prévôt d'Apt en 870. *Gallia Chr.*, t. I, col. 374.

39. — *Vers 1048.* — Don. par Rostang et son frère, à l'instigation d'Alfant, évêque, et de Rodulfe, prêtre, d'une maison au val de « Domus ». — f° 20.

40. — 1041, iii des cal. de janv. — Vente par Rainoard et sa femme Béatrix à Audran, prêtre, d'une vigne au terroir de Clermont, au lieu dit « Contanarios ». Acte dans l'abbaye de Saint-Pierre. Faraldus, Faraldus, son fils, Vualterius, Teudaldus. — f° 20 v°.

41. — 1018-1031, xv des cal. d'août. — Donation par Guillaume et sa femme Atalaxis, du consentement de l'évêque Etienne, d'une maison « in villa Calvicies ». — f° 21.

42. — 1048-1077. — Don. par Alfant, évêque d'Apt, d'une maison et terre au territoire d'Apt.

43. — Don. par Bonaldu., d'une terre au terroir de « Calvizias », au lieu dit Praxena. — f° 21 v°.

44. — *Vers 1042,* iii des ides de mars. — Don. par Béatrix[1], ses fils Pierre, Rostang, Eldebert et Bermond et sa fille Aiulena, à leur voisin Aldrannus, prêtre, d'une terre près l'abbaye Saint-Pierre de Tourrettes, au lieu dit « Lausa »... de manso Spera in Deo. — Acte à Apt[2].

45. — (*Sans date*). — Don. par Guy, prêtre, d'une terre, au château de Saint-Martin « ad Brusculum ». Bermond, qualifié « domnus », sa femme et ses fils approuvent l'acte. — f° 22.

46. — 1005, xii cal. février (v. st.). — Don. par Humbert Bermond d'un droit féodal « in villa Interrivos et in Gutilone, in Sarriana et in Sarpalianicis et in Pineto, in castro Vegnis ». Les colons sont : Gérard du Puy, *de Puteo,* et Etienne de la Rive, *de Ripa.* Témoins : Guidramnus,

---

[1] Elle était femme de Rainard, fils de Robert et d'Ailburga, dont il a été question plus haut.

[2] Ibidem, page 106.

Guy, Guarnaldus, autre Bermond, Adrulfus, Garantus, Rostang, Gislabert, Allenardus ; « Gualafredus scripsit ». — f° 22 v°.

47. — 997, iv des ides de juillet. — Donation « in præstaria » par Teuderic, évêque d'Apt, à son « fidelis » Samuel et sa femme Bellieldis d'une terre « in Crosagnas, Lausnava, Clavono, Baixo ». Témoins : Pierre, prêtre, Durantes, Vualafredus, Leutardus, Pons, Arnald, Gebuinus, Rodulfe, lévite, Pons, lévite. — f° 23.

48. — 1048-1077, xv des cal. de janv. — Donation à l'église d'Apt par Henri, se destinant à l'état ecclésiastique, de maisons à Apt, pour la rémission de ses péchés. Témoin : Alfant, évêque. — f° 23 v°.

49. — 1058. Accord entre Pons Pulverel et Alfant, évêque d'Apt, confirmant autre accord conclu entre Pons, ayeul de Pons Pulverel, et l'évêque Nortoldus. Cette convention est relative à la donation « in præstaria » de terres « in villa Sancti Saturnini, in villa Agnana et in Antinianicos », où sont les églises de Saint Etienne, Saint Sulpice et Saint Philibert. — f° 24[1].

50. — 1039, xv des cal. de mars (v. st.). — Donation par Ava « ancilla Dei » et ses frères à Etienne, évêque d'Apt, d'une terre « in territorio Sancti Petri, in fronte terra Faraldi... et consortat in terram Lamberti et Vuillelmi ». Témoins : Pierre, Feraldus, Rostang, Pons Bohes, Pierre. — f° 24 v°.

51. — Vers 1000. — Vente par Bermond, dit aussi Cleperus, sa femme Matrona, ses fils et ses filles, « mea ingruente atra necessitate », d'une terre « in valle quæ vocatur Domos, in loco Paludis. » — f° 25.

52. — La même que n° 17[1].

53. — *Vers* 1074, III des ides d'avril. — Vente par Pometus à Pierre Aicard d'une terre au lieu dit « Octabias ». Témoins : Pons Adalardus, Auctricus, Guillaume Vincent. — f° 25 v°.

54. — 990, VII des cal. d'avril. — Échange entre Teuderic, évêque d'Apt, et Allenardus, de terres aux lieux dits : « Domos et Naglignana. » Témoins : Pierre, Durantes, prêtres, Leutardus, Alafredus, Arnald, Pons, Gebuinus. « Regnante domino Conrado rege Alamandorum sive Provinciarum. » — f° 26.

55. — 1076, IX des cal. d'oct. — Donation par Rostang et ses fils; Alfand, évêque d'Apt. — f° 26 v°.

56. — *Vers* 1018 ? II des non. de mars. - Cession de terres dépendantes de l'abbaye Saint-Pierre de Tourrettes, au lieu dit Aurosa, par Guillaume à Rodulfe, Pons et Heldrannus, prêtres.

57. — *Vers* 1018, V des cal. de juin. — Vente par Ainard, son frère Durand et leur sœur Bluarda à Silvestre qu'ils qualifient « domnus suus », et à sa femme Taviarda, d'une terre au comté d'Apt, aux lieux dits « ad Crucem et Octabias ». — f° 27.

58. — 999, III des cal. de sept. — Accord entre Teuderic, évêque d'Apt, d'une part, et Teuderic et sa femme Arantrude, d'autre, « in loco ubi dicitur Ripa Alta prope fluvio Causalone. » Témoins : Durantes, Leutardus, Vualafredus, Pierre, Gebuinus, prêtres, Pons. — f° 27 v°.

59. — *Vers* 1113. — Donation aux chanoines d'Apt, par Laugier, évêque, des églises de « Jocas et Rossilionis et Leux et

---

[1] La charte est datée de la 4ᵐᵉ indiction du règne de Conrad, et comme on sait par d'autres documents que Robert et Guaracus vivaient de 967 à 1004, cette donation ne peut guère être attribuée qu'à l'une des années 961, 976, 991 ou 1006, plutôt, croyons-nous, à l'une des deux dernières.

« Crosagnas, Sagnas et Costæ et Launanici et Rograstrel
« et Gignac et Alpestræ et Casænovæ et Vegnis et Monte
« Celio et Cuxæ et Vacherias et S. Crucis et Oppedda. »
Rodolphe, prévôt, Bermond, sacristain, Aldebert Gisber-
nus, Pierre Estienne, Rostang, Guillaume de Rubians, Pons
Artaud, Guillaume de Jocas, chanoines.

60. — 1048-1077. — Donation par Alfant, év. d'Apt, de
l'église de Sainte-Marie « subtus Castrum Jocastensium ».
— f° 28.

61. — 975, xiv des cal. de janv. — Accord entre Nortold,
évêque d'Apt, et Saloardus et sa femme Provincia, relatif
à Tourrettes, 38° année du règne de Conrad, ind. xi (ne se
correspondent pas). Témoins : Pierre, Durant, Gaula-
fredus, Frambertus, Lautardus, Pons, prêtres, Amalvinus,
Rainoard, Gislabert, Dido, Ricard, Auricius, Jean Barbe,
Pons, autre Pons, abbé. — f° 28 v°.

62. — Accord relatif à un moulin entre le sacristain,
d'une part, et Guillaume Robert et les chanoines, d'autre.

63. — 1117-1122. Échange par Laugier, évêque d'Apt, avec
Rodolphe, abbé de (Saint-Victor de) Marseille, des églises
de Céreste, Bonnieux, contre le quart de « Briolis » et les
églises de Saint-Pierre d'Agnane et de Sainte-Marie de
Brezis. R., prévôt, R., sacristain, R., abbé de Marseille,
Guillaume Pons, G. de Malaucène, S. de Céreste, S. de
Saint-Jean, et Bertrand. — f° 29.

64. — Vers 1000. — Vente à Alfant, par Robert et Bonosa
sa femme, d'une vigne dans la vallée « quæ dicitur Domos ». Témoins : Rainald, Jausberga, Domedia, Maura,
Poncie.

65. — Vers 1050. — Donation d'une terre féodale et du
quart d'un moulin dit « de la Cruce ». Laugier, évêque
d'Apt. — f° 29 v°.

66. — *Vers 1020.* — Cession, par Foulques et sa femme Béatrix au prévôt Rodolphe et aux autres chanoines, d'un droit féodal, qui avait appartenu à Rodolphe « grammaticus ». Rodolphe, Bermond, Pierre Estienne, Gisbert et Guillaume, chanoines ; Laugier, évêque d'Apt ; témoins : Bertrand, Othon, Pierre Guillaume, Milon, Bozon, Raymond d'Autric, Guillaume d'Apt.

67. — Donation à Raimond Rainier et Rostang, son frère, par les chanoines, d'un droit féodal qui avait appartenu à Dorsfred de Vegnis. — f° 30.

68. — Énumération des droits féodaux de Géraud Theorichius.

69. — *Vers 1110.* — Donation de deux vignes ayant appartenu à Raimond Christine par Rodolphe, prévôt, à Arnaldus, du consentement de Bermond, Pierre Estienne, Guillaume Rubians, Guillaume Garnaud. — f° 30.

70. — *Vers 1110.* — Donation à Guillaume Robert et ses fils par Rodolphe, prévôt de l'église d'Apt, Aldebert, archidiacre, Bermond, sacristain ; et les chanoines Pierre Estienne, Gisbernus, Rostang, Guillaume de Rubians, Pons et Guigo. Témoins : Guillaume d'Apt, Centullio, Rigomont, Pierre Guillaume, Raimond Autric, Rostang Foulques, Rostang Capels. — f° 30 v°.

71. — *Vers 1110.* — Accord relatif à la donation qui précède.

72. — 1088. — « De honore Jocas ». Il est fait mention d'un colon, nommé Pierre.

73. — 1056, iv des cal. de juillet. — Charte d'Alfant, évêque d'Apt, en faveur de son église. Il est fait mention de Rostang et Guillaume, frères, princes — *principes* — d'Apt, et d'une donation faite par eux d'une terre près de Castillon. — f° 31.

74. — 978, ii des cal. de mai. — Donation « in præstaria » par Nartoldus, évêque d'Apt, à Albardus et sa femme Hermengarde, de la dime des églises de Saint-Saturnin et Saint-Etienne d'Agnane et Antignianicus et de Saint-Sulpice et Saint-Philibert. — f° 31 v°.

75. — 1008, x des cal. de fév. v. st. — Donation par Imbert de biens au comté d'Apt, à « Interrivus et in Campanias et in Surdonicus et in Celairana et in Vuttilone et in Intervias et in Serriana et in Sarpalianicus et in Pineto et in castro Vegno. » L'acte est confirmé par Mauris et son fils Guillaume[1] avec l'approbation d'Humbert. Témoins : Bermond. Vuidrannus son fils. Vuarnaldus. autre Bermond, Adrulfus. Garantus, Rostang, Gislabert, Aginardus ; écrit par Vualafredus, prêtre. — f° 32 v°.

76. — Don. par Gérin Aicard et Pierre de Saignon. à Causols.— f° 33.

77. — Vers 983. janvier. — Don. par Isnard à son *fidelis* Sigoinus et à sa femme Dominique d'un alleu au terroir d'Apt. « propter caballum quem ille donavit mihi ». Témoins : Brunengus, Garnier. Arbaldus. Giboinus, Rodulfe, Autric, Guilabert. Alfant. Guillaume. Pons ; écrit par Pons.

78. — 988. ii des cal. de mai. — Don. par Pons et sa femme Hermengarde de terres à Roussillon, au lieu dit « Silvolas », venant de l'hérédité de sa mère et faisant partie de l'héritage de leur fils unique, à Saint-Saturnin (d'Apt). Agnane, Antignianicus. Datée de la 41e année du règne de Conrad[2]. — f° 33 v°.

79. — 984, vi des ides de mars. — Don. par Nartoldus,

[1] Guillaume d'Agoult. — C'est la charte citée par Pithon-Curt (article Simiane), au premier degré de la filiation d'Agoult.
[2] Publiée par le comte Cais de Pierlas, *op. cit.*. p. 93.

évêque d'Apt, à Durant, prêtre, d'une terre au-dessous de la source « Amens ». Témoins : Pierre, Leutardus, Frambert, Pons, prêtres ; Arnald. Gibbuinus, lévites : Pons, sous-diacre ; Vualafred prêtre. — f° 34.

80. — *Vers 1050.* — Don. par Pons de Bot et son fils unique Pierre de terres qui lui venaient de feu son frère Géboin. Alfant, évêque ; Rostang, et Guillaume son frère. — f° 34 v°.

81. — Charte des confronts du fief de Saint-Pierre d'Agnane. Parmi les propriétaires voisins : Pons Isnard, Boniface Brudigoire, Pierre Nortaldus. Pierre Feraldus, Galburge. — f° 35.

82. — 1041. — Géboin[1], ses fils Artaud et Silvestre, et Dodo, femme de Silvestre, avec ses filles, Foy, Amalberge et Constance, vendent à Durand des maisons et un jardin « juxta Olma. »

> « *Mense Januario*
> *Regnante Christo domino*
> *Qui cœli sedet solio.* »

83. — *Vers 1130*[2]. — Promesse à Laugier, évêque d'Apt, par Guiran et Bertran, fils de Sancie[2], de le laisser en possession du château de la Crugière. Témoins : Otto, juge. Rodulphe, sacristain, son frère Bermond et son autre frère Guillaume d'Apt. Bertrand de Saignon. Guillaume Bompar, Guillaume Molinarius. — f° 35 v°.

84. — Donation par Galafredus d'un alleu, au lieu dit Teza.

85. — Don. par Amblardus d'une vigne « in clauso Amidejo... et ad Noguerio ». — f° 36.

---

[1] Géboin de Bot.

[2] Cf. n° 16.

[2] Bertrand est la souche des Agout et des Pontevès, et Guiran prit le nom de Simiane, qu'il transmit à sa postérité ; ils étaient neveux de l'évêque Laugier.

86. — *Vers 978.* — Don. par Arbard d'une maison sise à Roussillon, appartenant à Pierre de Sault.

87. — *Vers 1022.* — Don. par Laugier, évêque d'Apt. de l'église de Jocas et des églises avec la moitié des dîmes, à » castrum Crosinianence », Saint-Saturnin, « Lonani- cus », Caseneuve, Gignac, Simiane, Montsalier, Banon, les églises de Villars et le quart de Tourettes. — Acte à Apt.

88. — 949, cal. de juin. — Don. par Griffon « in Prate- lone ».

89. — 1006, vii des cal. d'avril. — Don. par Arnaud, prê- tre, d'une maison à Apt qui lui vient « ex parte seniori meo Imberto, nobilissimo viro », et à d'autres endroits « in Martes, Juncherias, Arnuntairanicus ». Témoins : Ber- trand, Ainard, Ugon. — f° 36 v°.

90. — 896, cal. d'avril. — Donation par Rostang de biens patrimoniaux au comté d'Apt, « ubi dicitur Fastignana sive Lutosa et Oliveto ». Témoins : Leufred, Austorgus, Rostang, Lifus, Gairardus, Geoffroy. — f° 38.

91. — 1035, iii des nones de mai. — « Don. par Pierre et son frère Guarnaldus d'un alleu « in loco Interrivis ».

> *Quin imo hoc donum*
> *Firmum duret et bonum*
> *Per testamenti sonum*
> *Actores et signacula*
> *Quis ecce fit hæc cartula*
> *Petrus Guarnaldi filius*
> *Atque Guarnaldus minimus*
> *Firmetur ut in omnibus*
> *Quæ venerint temporibus.*

' Publié dans *Gallia Christiana*, T. 1, instr. 76, mais qui donne la date du v des calendes.

Témoins : Isnard. Aicard. Guarnaldus. Silvestre. Rostang. Isnard. Rostang. Guillaume, son frère ; — écrit par Radulfe.

92. — 950. — Don. par Castus, évêque de Gap, d'un alleu, qui lui vient de son père Emon et de sa mère Indulgarde. Témoins : Lambert. Dalbert. Ainard. Teubert. Gaucelin. — f° 37 v°.

93. — 983, xii des cal. d'oct., indiction xi, 28° année du règne de Conrad[1]. — Don. par Vuidrannus, pour l'âme de son père Rainoard, « in villa Alairana ». Acte à Apt sous l'épiscopat de Nortoldus. Témoins : Robert. Rainoard. Rodulfe. Guislabert. Dido. Bernard. Jean. Pons. Amalbert ; — écrit par Nortoldus, évêque. — f° 38.

94. — Vers 980. — Don. par Agana, à l'évêque Nortoldus, d'une vigne au comté d'Apt, « in villa Calmisanicus », au bord de la rivière « Mauragna », du consentement de Nevologus. Témoins : Saloardus. Ebrard. Arnald. Alienard. Gislabert. Dido. Bernard. Amalbert. Vuarnerius.

95. — 973, iii des cal. de février (anno 28 regnante Conrado). — Don. par Lautardus, d'une vigne « in villa Arcolas et Calmisanicus ». Témoins : Amalvinus, Arnulfe. Ailbernus. Allenard. Pons. Durant, prêtre. — f° 38 v°.

96. — 969 ou 977 (plutôt), xii des cal. d'oct. (anno 32). — Don. par Agilbert, prévôt, pour le repos de l'âme de son oncle Agilbert, prêtre, d'une vigne, « in villa Domus Clausum ». Acte à Apt, sous l'épiscopat de Nortoldus ; Vuarbidon, juge. Atton. Amoluinus. Milon. Alienard. Ebon. — f° 39.

97. — 974 ou 982, ii des non. de juillet (anno 37). — Accord

<hr>

[1] Il y a dans cette charte et quelques-unes qui suivent (f° 40 v°, 41 v°, 45 v°) un désaccord entre l'année du règne de Conrad et le millésime, qui fait supposer que l'on a compté les années du règne à partir de 945 au lieu de 937 ; et dans ce cas il faudrait lire ici : anno 38 regnante Conrado ».

entre l'évêque Nortoldus, d'une part, Brunus et sa femme Rutrude, d'autre, au sujet d'une terre « in valle Domus, in termino de villa Arculas ». Ailbert, prévôt, Pons, Vualafred, Frambert, prêtres ; Pons, lévite ; Guippuinus, Arnald, sous-diacres. — f° 39 v°.

98. — Vers 1041, iii, des cal. de mars. — Vente par Gadalbert et sa femme Blismoda de son alleu paternel, au lieu dit Bopa, au-dessus d'Apt. Pons, Bermond et Cisbernus, frères de Gadalbert, Bruningus, Garnier, Autric, Atton, Rostang, Pierre. — f° 40.

99. — 981, nov. ind. ix (anno 36). — Donation par Vuidramnus de biens, lui venant de feu Norpert, « in terminio de villa Antignianicus ». Acte à Apt. Alienard, Bernard, Rodulfe, Gislabert, Didon, Agilbernus, Tudoinus, Pons ; Elias, prêtre, « scripsit ». — f° 40 v°.

100. — 991, vi, des cal. de fév. — Don. par Ermengarde de biens au comté d'Apt, venant de la succession de ses parents, dans les lieux de « Interrivis, Campanias, Surdonicus, Celeriana, Guttilono, Tervinias, Serriana, Sarpalianicus, Pineto ». L'acte est confirmé et approuvé par Bermond, Teuderic, prêtre, Gerald, lévite, Aramberte, Teucinna. — f° 41.

101. — 994, août. — Don. par Vuido et sa femme Hysona d'une terre à Maison-Neuve, pour faire recevoir chanoine leur fils Saloardus. — f° 41.

102. — 1007, juillet 13. — Échange de maisons entre Teuderic, évêque d'Apt, et Martin, prêtre. Témoins : Élie, Leutardus, Vualafredus, Pons, Gebuin, Pierre, prêtres, Rodulfe, Raimond, Saluardus, lévite.

103. — Vers 980, iii des non. de mars. — Donation de biens héréditaires par Ema et son fils Bermond à « Interrivis, Campanias, Sordonicis, Celeirana, Guttilone, Sarpalianicus,

Pineto. » Témoins : Guillaume. fils de Bermond. Giboin,
Hugues, Rostang. Arbaldus. Silvestre, Gilabert, Boson,
Isnard, Rainier, Ratmundus, Vincent. Rodulfe « qui
scripsit ». — fº 42.

104. — 1013. xi des cal. d'oct. (*anno 20*). ind. i. — Don.
par Poncie, d'une vigne « in villa Pumairalo ». — fº 42 vº.

105. — 1008-1031. ... Don. par Stavilia, d'une maison à
Cadenet « quod mihi de seniori meo Guillelmo legibus
obvenit. » — fº 43.

106. — 886 ? décembre (anno 2, imperante domno Carolo
imperatore). — Vente d'une maison « in villa Arculas »
par Teubaldus et sa femme Magasinda à Gislabert et Ri-
childe. Témoins : Volfardus, Magambretus. Eutfred.
Udalbert. Sandradus. Udalric. Ainald. Castellanus, diacre
« scripsit ».

107. — 1013 ? v des cal. d'avril. — Donation par Ingil-
bardus de biens héréditaires. « in Celerana », à Ilbogus
(évêque d'Apt). Témoins : Jonatan. Ainard. Ailbert.
Elbon. Rotedus, Giffred. — fº 43 vº.

108. — 965 ? cal. de sept. (*anno 20*). — Don. par Ema, de
terres à « Selvolas et Amalfolio, » lui venant de son père
Samuel. Témoins : Robert. Magnarius. Norbert, Gilbernus.
Richard, Rostang, prêtre. — fº 40.

109. — 949 ? viii des cal. d'oct. (*anno 4.*) — par Don. Gode-
rannus et sa femme Ingelburge d'une terre « in Petrolas »
qu'il a achetée de Déodat et de sa femme Ermengarde.
Témoins : Salordus. Gairald. Adolosus, Gaivardus,
Agilbernus, Milon. — fº 44 vº.

---

(1) *Anno 20. regnante Rodolfo ;* nous croyons qu'il s'agit de Rodolphe le
Faindant, fils de Conrad. — C'est l'opinion suivie par le *Gallia* et Papon.
Remerville, dans son *Hist. Religieuse d'Apt.* admet au contraire qu'il est
question de Rodolphe II, père de Conrad, ce qui fait vivre Ilbogus 50 ans
plus tôt.

110. — 904, viii des cal. de janvier. — Testament de Vuido, par lequel il lègue à l'église d'Apt, des biens « in villa Ermenranicus », qu'il possède de son chef et de celui de son fils Amic. Il en confie l'exécution à Rostang, archevêque d'Arles, Vuirnerius, son ami, et Guisbert, son « fidelis ». Acte à Arles. Témoin : Vuanambert.

111. — 999, v des cal. de juin. *Anno* vi. *regnante Rodulfo*. — Donation à l'évêque Ilbogus par Garibaldus et sa femme Aviorda d'une vigne « in loco Jugo » au comté d'Apt. Témoins : Elenardus, Rainuard, Etienne. — Ailbert « scripsit ». — fᵒ 45.

112. — 983, vii des ides de juillet *anno 38*, ind. xi. — Don. par Agilbert, prévôt, à Frambert, prêtre, et sa mère Olive, de biens lui venant de son oncle Agilbert, « in valle Domus ». Témoins : Vuidranus, Amalvinus, Rothbert, Gislabert, Didon, Rodulfe, Bernard, Alienard, Ebrard, Leutuinus, Rainald, Garnier, Arnald, Nortoldus, évêque. — fᵒ 45 vᵒ.

113. — 975, xvi des cal de juillet *anno 30*. — Don. par Norbert de biens paternels au comté d'Apt. « in Rogiatis Antignanicus, prope rivo Lencione, et super ecclesiam sancti Filiberti». Témoins : Agilbert, Alenardus, Rainoard, Jean, Rodulfe, Gislabert, Didon, Arnald, Ebon, Pons, Pierre, prêtre, « scripsit ». — fᵒ 46 vᵒ.

114. — Don. par Domineus d'une vigne, au comté d'Apt. « in loco Maglinana à la Balmeta ». — fᵒ 47.

115. — 910, v des ides de juin. — Don. par Adalgaus d'une vigne à Saignon. — Témoins : Archimbaud, Baslon, Rodin, Ava, Gairald, Guillaume, Rainard, Georges.

116. — Don. par Gontran de diverses vignes « in loca Campanias, ad Cardaces, et Calmisanicus ». Témoins : Radulfe, Rothardus, Arbert, Albernus, Jean. — fᵒ 47 vᵒ.

117. — Le même que le n° 105.

118. — Donation par Aton d'une vigne « in loco Pradonure. — Témoins : Agilbernus, Ardradus, Emo, Jean. — f° 48 v°.

119. — 848, vii des cal. de sept. — Don. par Vuaraldus d'une terre « in loco Subpetra ». Témoins : Pons, Richelme.

120. — 806, ix des cal. d'avril. — Don. par Vualo aux églises Sainte-Marie et Saint-Castor de biens lui venant de son père Bonefredus « in pago Atense in valle Vabro ». Témoins : Vualon, Auger, Adalgandus, Vuaraco, Ingilbaldus. — f° 49.

121. — 972, xiii des cal. de mai (ou plutôt 964 : *anno 27 regnante Conrado*). — Don. par Arnulfe, évêque (d'Apt), de biens de l'hérédité paternelle, à Bonnieux et « in loco Airavedre ». Témoins : Guaracus, Guidranus, Isnard, Pierre, prêtre, « scripsit ». — f° 49 v°.

122. — 937 ? mai (*anno quo Conradus cepit regnare*). — Don. par Aginulfe d'une terre à Saignon, confrontant celle de son père Giraud pour le salut de l'âme d'Alasacie. Témoins : Étienne, Ainard, Ingelbert, Savonius, Estricolfus. — f° 50.

123. — xi des cal. d'oct. — Par Vualo « in loco Marcianatus ». Témoins : Adalgaudus, Vualo, Stabile, Ainard, Rostang « scripsit ».

124. — 906, iv des non. de juillet. — Don. par Georges « in villa Incoeticus », « et si Deus filiis aut filiabus nostris de liminio vel de captivitate revertere jubet ». — Acte à Apt, témoins : Coninus, Ansegnerius, Vualdus, Ainard, Ledo. — f° 50 v°.

125. — 983 ? xii des cal. d'oct. (*anno 38*). — Don. par Ratbert, sa femme Aylburga et leur fils Raynoard, à l'évêque Nortoldus « in loco Carcopiano... rivum Arbana ». — Témoin : Vuadranus ; écrit par l'évêque Nortoldus. — f° 51.

126. — Don. par Garibaldus d'une terre « in pago Aptense, in loco subtus Roca », confrontant celle du comte Apollonius. Témoins : Grimaldus, Teudardus, Abon, Pons, Giselmus. — fº 51 vº.

127. — 961 (anno 16), vi des ides d'oct. — Don. par Landulfe d'une vigne à Jonquières « in pojo ubi sunt Amendolerii ». Témoins : Robert, imo, Addulfe, autre Robert, Gislabert ; Asterius, prêtre, « scripsit ». — fº 52.

128. — 987 anno 11, ind. xv, non. de nov. — Vente par Fredemar à Rodulfe et sa femme Ingilburge « in valle Domus ». — Acte à Apt ; témoins : Etienne, fils de Fredemar, Amalvin, Alienard, Arnald, Gislabert, Arnulfe, Etienne, Raynoard ; Nortoldus, évêque, « subscripsit ». — fº 52 vº.

129. — 890, fév. — Don. par Alexandrie et ses filles Dominique et Alexandrie d'une maison « in villa Clavies... et ubi dicitur Petra Acuta sive Coexena ». Témoin : Raimond.

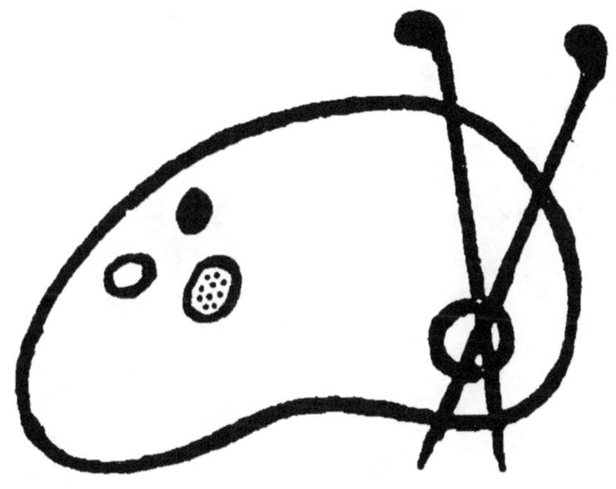

Original en couleur

NF Z 43-120-8